VENTE

Du Mercredi 11 Février 1914

HOTEL DROUOT, SALLE N° 10

A DEUX HEURES

TABLEAUX MODERNES

Aquarelles, Pastels, Dessins

BRONZES, CIRES DE LANCERAY

COMMISSAIRE-PRISEUR

M° HENRI BAUDOIN

EXPERTS

MM. GRAAT ET MADOULÉ

CATALOGUE

DE

Tableaux Modernes

Par :

A. BESNARD, COTTET, DAUBIGNY, DUPRAY
GUILLAUMIN, LUCIEN SIMON, SISLEY, TROUILLEBERT, VEYRASSAT
VOGLER, ETC.

AQUARELLES, PASTELS, DESSINS, GRAVURES

Affiches en couleurs

BRONZES

CIRES DE LANCERAY

DONT LA VENTE AURA LIEU A PARIS

HOTEL DROUOT, SALLE N° 10

LE MERCREDI 11 FÉVRIER 1914

A deux heures

COMMISSAIRE-PRISEUR	EXPERTS
M° HENRI BAUDOIN	**MM. GRAAT ET MADOULÉ**
10, rue de la Grange-Batelière	6, rue Godot-de-Mauroi

EXPOSITION PUBLIQUE

Le Mardi 10 Février 1914, de deux heures à six heures

CONDITIONS DE LA VENTE

Elle sera faite au comptant.

Les adjudicataires paieront *dix pour cent* en sus
des enchères.

Paris. — Imp. de l'Art, Ch. Berger, 41, rue de la Victoire.

DÉSIGNATION

AQUARELLES

PASTELS, DESSINS ET GRAVURES

AFFICHES EN COULEURS

1 — Lot d'affiches en couleurs, par divers.

2 — Lot de trois aquarelles gouachées. Projets d'affiches.

ABEILLE
(JACK)

3 — *Idylle (1830).*
> Dessin.

ABEILLÉ
(JACK)

4 — *Au Quartier latin.*
> Dessin.

ALLONGÉ

5 — *Le Marais en automne.*
Aquarelle.

AUBLET

6 — *Jeune Tunisienne.*
Aquarelle.

BAC

7 — *Dans les coulisses.*
Aquarelle.

BOGGS

8 — *Château de Luynes.*
Aquarelle.

CARRIÈRE

9 — *Portrait de Verlaine.*
Lithographie.

CARRIÈRE

10 — *Tête de Femme.*
Lithographie.

CARRIÈRE

11 — *Tête de Femme de profil.*

Lithographie.

CLAIRIN

12 — *L'Aumône.*

Dessin.

DELACROIX
(EUGÈNE)

13-14 — Lot de dessins au fusain. (Sera divisé.)

DELACROIX
(EUGÈNE)

15 à 20 — Lot de soixante-treize dessins sous verres. (Sera divisé.)

DELLA CORTE

21 — *Italienne.*

Aquarelle.

ENFANTIN

22 — *Le Repos dans la forêt.*

Signé à gauche et daté : *1822.*
Sépia.

GUELDRY

23 — *Bouquetière.*

Dessin.

HAP
(CARL)

24 — *Les Masques.*

Dessin.

HERVIER

25 — *Types de Paysannes.*
26 — *Têtes de Paysannes.*

Deux pendants. Aquarelle et sépia.

INCONNU

27 — *Le Lac.*

Aquarelle.

INCONNU

28 — *Farandole.*

Dessin.

JOANÈS

29 — *Vers les Cimes.*

Signé à droite en bas.
Aquarelle.

LAGARDE
(PIERRE)

30 — *Champ de blé.*

Signé à droite en bas.
Pastel.

LETEURTRE

31 — *Le Port de Nantes.*

Aquarelle.

LETEURTRE

32 — *Un Port.*

Aquarelle.

LAURENS
(JEAN-PAUL)

33 — *L'Homme d'armes.*

Dessin.

MAHUT

34 — *A L'Étape.*

Aquarelle.

MÉTIVET

35 — *L'Aumône.*

Dessin.

MORIN
(LOUIS)

36 — *Un Canal à Venise.*

Dessin.

MORIN
(LOUIS)

37 — *Le Lever.*

Dessin.

NEUVILLE
(A. DE)

38 — *Prolonge d'artillerie.*

Dessin à la plume.

PILLE
(HENRI)

39 — *L'Atelier Gérôme et l'Atelier Merson.*

Dessin.

MOROT
(AIMÉ)

40 — Album de croquis et autographes.

NOEL
(JULES)

41 — *Paysage.*

Dessin rehaussé.

RAVIER

42 — *Coucher de soleil en automne.*   *180*

Signé à droite en bas.
Aquarelle.

RAVIER

43 — *Le Ravin.*   *220*

Signé à droite en bas.
Aquarelle.

RAVIER

44 — *Le Saule.*   *185*

Signé à droite en bas.
Aquarelle.

RAVIER

45 — *Le Chemin creux.*   *130*

Signé à droite en bas.
Aquarelle.

RAVIER

46 — *Soir d'hiver.*   *200*

Signé à droite en bas.
Aquarelle.

RAVIER

47 — *Le Petit Étang.*   *100*

Signé à droite en bas.
Aquarelle.

RIVIÈRE

48-50 — Lot de lithographies en couleurs encadrées. (Sera divisé.)

ROBIDA

51 — *Le Plaidoyer.*

Dessin.

ROCHEGROSSE

52 — *Femme étrusque.*

Dessin.

SIMON
(LUCIEN)

53 — *Pendant le prêche.*

Signé à droite en haut.
Aquarelle.

Haut., 77 cent.; larg., 1 m. 13 cent.

SINET

54 — *Femme à sa toilette.*

Signé à gauche en bas.
Pastel.

STEINLEIN

55 — *Le Déjeuner du matin.*

Affiche en couleurs.

STOP

56 — *A Madagascar.*

Dessin.

TESTEVUIDE

57 — *Le Monôme.*

Dessin.

THORNLEY

58 — *Environs d'Antibes.*

Aquarelle.

VIBERT

59 — *Le Repos du modèle.*

Dessin.

VIERGE

60 — *L'Hidalgo.*

Dessin à la plume rehaussé de noir.

61 à 63 — Lot d'aquarelles et gravures japonaises. (Sera divisé.)

TABLEAUX

ANDRÉ
(JULES)

64 — *Le Chemin creux.*

Signé à droite en bas.

Toile. Haut., 38 cent.; larg., 46 cent.

DE ANDREIS

65 — *La Chanson.*

ANGLADE

66 — *Bruyères.*

BALLAVOINE

67 — *Tête de Jeune Femme.*

BARON

68 — *Bords d'étang.*

69 — *Tête de Seigneur.*

BARRIER

70 — *Tête de Reître.*

BESNARD
(ALBERT)

71 — *Coucher de soleil à Eerck.*

Signé à gauche en bas.

Toile. Haut., 81 cent.; larg., 1 mètre.

BIANCO
(P.)

72 — *Venise.*

Haut., 75 cent.; larg., 55 cent.

BORIONE

73 — *Tête de Cardinal.*

BOURDELLE

74 — *Portrait de Fillette.*

Signé à droite en bas.

Toile. Haut., 55 cent.; larg., 46 cent.

BRISSOT
(F.)

75 — *Les Chasseurs.*

Haut., 20 cent.; larg., 27 cent.

CARPEAUX

76 — *Le Battage du blé.*

Signé à gauche en bas.

Carton. Haut., 23 cent.; larg., 35 cent.

CARRÉ

77 — *Chez le marchand de vins.*

Signé à gauche en bas.

Carton. Haut., 42 cent.; larg., 33 cent.

CARRÉ
(LÉON)

78 — *Les Côtiers.*

Signé à gauche en bas et daté : *1903.*

Toile. Haut., 86 cen⁴.; larg., 60 cent.

CASTIGLIONE

79 — *Le Troubadour.*

CAUCHOIS

80 — *Lever de lune.*

CHIFFONNY

81 — *Chiens à l'arrêt.*

82 — *Chiens au terrier.*

CONSTANT
(BENJAMIN)

83 — *Femme orientale dans un intérieur.*

Signé à gauche et daté : *1883.*

Bois. Haut., 50 cent.; larg., 31 cent.

COTTET

84 — *Bateaux de pêche au port.*

Signé à droite en bas.

Carton. Haut., 60 cent ; larg., 79 cent.

COTTET

85 — *L'Approche de l'orage.*

Signé à droite en bas.

Carton. Haut., 62 cent.; larg., 84 cent.

COTTET

86 — *Le Chemin des Menhirs au bord de la mer.*

Signé à droite en bas et daté : 1903.

Carton. Haut., 72 cent.; larg., 1 mètre.

COTTET

87 — *La Baie de Camaret.*

Signé à droite en bas.

Carton. Haut., 37 cent.; larg., 46 cent.

DAMOYE

88 — *Paysage.*

DAUBIGNY

89 — *La Fenaison.*

Signé à gauche en bas.

Panneau. Haut., 14 cent.; larg., 24 cent. 1/2.

DELAUNAY
(ÉLIE)

705

90 — *Jeune Fille et l'Amour.*

Signé à droite en bas.

Toile. Haut , 32 cent.; larg., 18 cent.

DELPY

250

91 — *Soleil couchant.*

DESBROSSES
(JEAN)

92 — *Sous bois.*

Haut., 40 cent.; larg., 26 cent.

DRAMARD

105

93 — *Nudité.*

Signé à droite en haut.

Toile. Haut., 1 m. 03 cent.; larg., 73 cent.

DUBOURG

94 — *La Collation dans le verger.*

Signé à droite en bas.

Panneau. Haut., 20 cent.; larg., 27 cent.

DUFEU

230

95 — *Venise.*

Signé à droite en bas.

Toile. Haut., 72 cent.; larg., 1 mètre.

DUPRAY
(H.)

96 — *Peloton de cuirassiers en marche.*

Signé à droite en bas.

Panneau. Haut., 27 cent.; larg., 22 cent.

ÉCOLE MODERNE

97 — *Scène de combat près d'un temple.*

Toile. Haut., 48 cent.; larg., 89 cent.

FLEURY
(L.)

98 — *Paysage.*

Haut., 16 cent.; larg., 30 cent.

FOUACE

99 — *Nature morte.*

Signé à droite en bas.

Toile. Haut., 63 cent.; larg., 80 cent.

GARRIDO

100 — *L'Hiver.*

GERVEX
(HENRI)

101 — *Baigneuse.*

Signé des initiales en bas à droite.

Carton. Haut., 25 cent.; larg., 19 cent.

GROGAERT

102 — *Les Chrysanthèmes.*

GUILLAUMIN

103 — *Rochers à Saint-Palais.*

Signé à gauche en bas.

Toile. Haut., 72 cent.; larg., 92 cent.

GUILLAUMIN

104 — *La Creuse, près Crozant.*

Signé à gauche en bas.

Toile. Haut., 65 cent.; larg., 81 cent.

HUMBERT
(F.)

105 — *Baigneuse.*

Signé des initiales en bas à droite.

Carton. Haut., 39 cent.; larg., 29 cent.

INCONNU

106 — *Paysage.*

Panneau. Haut., 26 cent.; larg., 46 cent.

JACOB

107 — *La Seine à Asnières.*

JACQUE
(CH.)

108 — *Têtes de Moutons.*

JACQUE
(ÉMILE)

109 — *Bassets au repos.*

Signé en bas vers le milieu.

Panneau. Haut., 27 cent.; larg., 21 cent.

KAVEL
(MARTIN)

110 — *Souvenir de bal.*

LACOSTE

111 — *Ruisseau dans la vallée.*

Signé à gauche en bas.

Toile. Haut., 49 cent.; larg., 65 cent.

LAGARDE
(PIERRE)

112 — *Ruisseau au pied d'un vieux mur.*

Signé à gauche en bas.

Toile. Haut.. 48 cent.; larg., 60 cent.

LEBAS

113 — *Paysage.*

Signé à gauche en bas.

Carton. Haut., 21 cent.; larg., 30 cent.

ORTEGA

114 — *Moines espagnols.*

PAIL

115 — *Bruyères du Morvan.*

PÉCRUS

116 — *Dunkerque.*

Signé à droite en bas.

Panneau. Haut., 40 cent.; larg., 32 cent.

PEREZ
(ALONSO)

117 — *Madame Angot.*

PLAZZA
(FERNAND)

118 — *Le Bouquet.*

QUINTON

119 — *Moutons sous bois.*

Signé à gauche en bas.

Toile. Haut., 29 cent.; larg., 35 cent.

QUINTON

120 — *Crépuscule à Sucy.*

Signé à droite en bas.

Toile. Haut., 38 cent.; larg., 55 cent

RENARD

121 — *Jeune Femme s'éclairant.*

Signé à gauche en haut.

Panneau. Haut., 15 cent.; larg., 22 cent.

RIBOT
(GERMAIN)

122 — *Vase de fleurs.*

Signé à droite en bas.

Toile. Haut., 92 cent.; larg., 73 cent.

RICHET (Léon)

123 — *Rochers en forêt de Fontainebleau.*

Signé à gauche en bas, et daté : *1885*.

Toile. Haut., 65 cent.; larg., 81 cent.

ROCHE
(DE LA)

124 — *Cosaque à cheval.*

Signé à gauche en bas.

Panneau. Haut., 24 cent.; larg., 20 cent.

ROYER
(CHARLES)

125 — *Tête de Femme.*

SCHOTT
(MAX)

126 — *Jeune Femme.*

SCHREYER

127 — *Le Voyageur.*

Signé à droite en bas.

Bois. Haut., 21 cent.; larg., 16 cent.

SIMON
(LUCIEN)

128 — *La Fête du curé.*

Signé à droite en bas.

Toile. Haut., 1 m. 04 cent.; larg., 1 m. 31 cent.

SINET

129 — *Étude de Femme.*

Carton Haut., 32 cent.; larg., 26 cent.

SINET

130 — *La Ferme.*

Signé à gauche en bas.

Toile. Haut., 61 cent.; larg., 51 cent.

SISLEY
(ALFRED)

131 — *Les Bords du Loing.*

Au premier plan, un terrain vague est bordé, à gauche, par le chemin de halage, où un homme remorque un bateau.

Plus loin, deux promeneurs se dirigent vers une maison dont le toit pointu se profile sur les coteaux qui occupent le fond du paysage. A gauche, sur la rivière, plusieurs bateaux-lavoirs; à droite, un parc clos de murs.

Signé à droite.

Toile. Haut., 50 cent.; larg., 73 cent.

TRIGOULET

132 — *Baigneuse à contre-jour.*

TRIGOULET

133 — *Barques, les voiles hissées.*

TROUILLEBERT

134 — *Cour de ferme.*

Signé à gauche en bas.

Toile. Haut., 32 cent.; larg., 41 cent.

VADRENNE

135 — *Nature morte.*

Signé à gauche en haut.

Toile. Haut., 41 cent.; larg., 33 cent.

VAN AELET

136 — *Le Port.*

Signé à gauche en bas.

Toile. Haut., 55 cent.; larg., 82 cent

VAN DEN BOS

137 — *Figure.*

VEYRASSAT

138 — *Les Glaneuses.*

Signé à gauche en bas.

Toile. Haut., 40 cent.; larg., 60 cent.

VEYRASSAT

139 — *La Provende des poules.*

Signé à droite en bas.

Panneau. Haut., 23 cent.; larg., 35 cent.

VEYRASSAT

140 — *Paysage.*

VIGNON
(V.)

141 — *Nature morte.*

Signé à gauche vers le haut.

Toile. Haut., 40 cent.; larg., 55 cent.

VOGLER

142 — *Le Pont.*

Signé à gauche en bas.

Toile. Haut., 50 cent.; larg., 65 cent

VOGLER

143 — *Nuit d'été.*

Signé à gauche en bas.

Toile. Haut., 54 cent.; larg., 65 cent.

VOGLER

144 — *Les Meulettes.*

Signé à gauche en bas.

Toile. Haut., 65 cent.; larg., 81 cent.

VOGLER

145 — *Le Duel.*

VOIRIN

146 — *La Faction du grenadier.*

Signé à droite en bas.

Toile. Haut., 41 cent. ; larg., 32 cent.

WASHINGTON

147 — *Cavaliers arabes en marche.*

Signé à gauche.

Toile. Haut., 25 cent.; larg., 37 cent.

WEBER
(TH.)

148 — *Marine.*

Haut., 25 cent.; larg., 48 cent,

BRONZES
CIRES DE LANCERAY

BOURDELLE

149 — *Bœthoven*.

Buste en bronze.

FALGUIÈRE

150 — *La Source*.

JULIEN

151 à 155 — *Divinité indienne. — Diane de Poitiers. — Un cheval. — Vierge Renaissance*.

LÉONARD

156 — *Tête de Christ*.

Bronze, cire perdue.

LANCERAY

157 — *Le Capitaine d'armes*.

Cire.
Avec vitrine.

LANCERAY

158 — *Le Boyard.*
Cire.
Avec vitrine,

LANCERAY

159 — *Ordonnance sous Grosnoye.*
Cire.

LANCERAY

160 — *Arbalétrier sous Grosnoye.*
Cire.

LANCERAY

161 — *Circassien fumant.*
Cire.

LANCERAY

162 — *Le Batelier buveur.*
Cire.

LANCERAY

163 — *Bougeoir jeune fille.*
Cire.

LANCERAY

164 — *Bougeoir jeune garçon.*
Cire.

LANCERAY

165 — *Pâtre couché.*
Cire.

LANCERAY

166 — *Cheik arabe.*
Cire.

LANCERAY

167 — *L'Opritchick.*
Cire.
Avec vitrine.

LANCERAY

168 — *Fantasia arabe.*
Cire.
Avec vitrine.

LANCERAY

169 — *Mendiant arabe.*
Cire.